Este diario pertenece a:

....

Ninguna parte de esta publicación puede reproducirse o transmitirse de ninguna forma ni por ningún medio, ya sea electrónico o mecánico, incluidos, entre otros, grabaciones de audio, faxes, fotocopias o sistemas de almacenamiento y recuperación de información sin el permiso explícito por escrito del autor o editor.

Spanish Reina Valera

Diciembre-Enero 2019-2020

Lu 30

Ma 31

Mi 1

Ju 2

2020 Enero

	Vi 3
	Sa 4
	Do 5

> "Porque de tal manera amó Dios al mundo, que ha dado á su Hijo unigénito, para que todo aquel que en él cree, no se pierda, mas tenga vida eterna.
>
> *Juan 3:16*"

Enero 2020

Lu 6

Ma 7

Mi 8

Ju 9

2020 Enero

Vi 10

Sa 11

Do 12

> Fíate de Jehová de todo tu corazón, Y no estribes en tu prudencia. Reconócelo en todos tus caminos, Y él enderezará tus veredas.
>
> *Proverbios 3:5-6*

Enero 2020

Lu 13

Ma 14

Mi 15

Ju 16

2020 Enero

Vi 17

Sa 18

Do 19

> Todo lo hizo hermoso en su tiempo: y aun el mundo dió en su corazón, de tal manera que no alcance el hombre la obra de Dios desde el principio hasta el cabo.
> ***Eclesiastés 3:11***

Enero 2020

Lu 20	
Ma 21	
Mi 22	
Ju 23	

2020 Enero

Vi 24

Sa 25

Do 26

> Hazme saber, Jehová, mi fin, Y cuánta sea la medida de mis días; Sepa yo cuánto tengo de ser del mundo.
>
> *Salmos 39:4*

Enero 2020

Lu 27

Ma 28

Mi 29

Ju 30

2020 Enero-Febrero

	Vi 31
	Sa 1
	Do 2

> Haga resplandecer Jehová su rostro sobre ti, y haya de ti misericordia:
> *Números 6:25*

Febrero 2020

Lu 3

Ma 4

Mi 5

Ju 6

2020　Febrero

Vi 7

Sa 8

Do 9

> Ni tampoco presentéis vuestros miembros al pecado por instrumento de iniquidad; antes presentaos á Dios como vivos de los muertos, y vuestros miembros á Dios por instrumentos de justicia.
>
> ***Romanos 6:13***

Febrero 2020

Lu 10

Ma 11

Mi 12

Ju 13

2020   Febrero

Vi 14

Sa 15

Do 16

> Allegaos á Dios, y él se allegará á vosotros. Pecadores, limpiad las manos; y vosotros de doblado ánimo, purificad los corazones.
>
> *Santiago 4:8*

Febrero 2020

Lu 17

Ma 18

Mi 19

Ju 20

2020 — Febrero

Vi 21

Sa 22

Do 23

> Amarás pues al Señor tu Dios de todo tu corazón, y de toda tu alma, y de toda tu mente, y de todas tus fuerzas; este es el principal mandamiento.
>
> ***Marcos 12:30***

Febrero 2020

Lu 24

Ma 25

Mi 26

Ju 27

2020 Febrero–Marzo

Vi 28

Sa 29

Do 1

> Esperaré pues á Jehová, el cual escondió su rostro de la casa de Jacob, y á él aguardaré.
>
> *Isaías 8:17*

Marzo 2020

Lu 2

Ma 3

Mi 4

Ju 5

2020 — **Marzo**

Vi 6

Sa 7

Do 8

> Y si repartiese toda mi hacienda para dar de comer a pobres, y si entregase mi cuerpo para ser quemado, y no tengo caridad, de nada me sirve.
>
> *1 Corintios 13:3*

Marzo 2020

Lu 9

Ma 10

Mi 11

Ju 12

2020 **Marzo**

Vi 13

Sa 14

Do 15

"Y la paz de Dios gobierne en vuestros corazones, á la cual asimismo sois llamados en un cuerpo; y sed agradecidos.

Colosenses 3:15"

Marzo 2020

Lu 16

Ma 17

Mi 18

Ju 19

2020 Marzo

Vi 20

Sa 21

Do 22

> Antes siguiendo la verdad en amor, crezcamos en todas cosas en aquel que es la cabeza, a saber, Cristo;
>
> *Efesios 4:15*

Marzo 2020

Lu 23

Ma 24

Mi 25

Ju 26

2020   **Marzo**

	Vi **27**
	Sa **28**
	Do **29**

> Lo que aprendisteis y recibisteis y oísteis y visteis en mí, esto haced; y el Dios de paz será con vosotros.
>
> *Filipenses 4:9*

Marzo-Abril 2020

Lu 30

Ma 31

Mi 1

Ju 2

2020 Abril

Vi 3

Sa 4

Do 5

> Así que cada uno examine su obra, y entonces tendrá gloria sólo respecto de sí mismo, y no en otro.
>
> *Gálatas 6:4*

Abril 2020

Lu 6

Ma 7

Mi 8

Ju 9

2020 Abril

Vi 10

Sa 11

Do 12

> ¿Cómo escaparemos nosotros, si tuviéremos en poco una salud tan grande? La cual, habiendo comenzado á ser publicada por el Señor, ha sido confirmada hasta nosotros por los que oyeron;
> **Hebreos 2:3**

Abril 2020

Lu 13

Ma 14

Mi 15

Ju 16

2020 Abril

	Vi
	17
	Sa
	18
	Do
	19

> El alma liberal será engordada: Y el que saciare, él también será saciado.
>
> *Proverbios 11:25*

Abril 2020

Lu 20

Ma 21

Mi 22

Ju 23

2020 Abril

	Vi
	24
	Sa
	25
	Do
	26

> Oh Jehová, de mañana oirás mi voz; De mañana me presentaré á ti, y esperaré.
>
> *Salmos 5:3*

Abril 2020

Lu 27

Ma 28

Mi 29

Ju 30

2020   **Mayo**

Vi 1

Sa 2

Do 3

> Porque yo sé los pensamientos que tengo acerca de vosotros, dice Jehová, pensamientos de paz, y no de mal, para daros el fin que esperáis.
>
> *Jeremías 29:11*

Mayo 2020

Lu 4

Ma 5

Mi 6

Ju 7

2020 **Mayo**

Vi 8

Sa 9

Do 10

> Aderezarás mesa delante de mí, en presencia de mis angustiadores: Ungiste mi cabeza con aceite: mi copa está rebosando. Ciertamente el bien y la misericordia me seguirán todos los días de mi vida: Y en la casa de Jehová moraré por largos días.
>
> *Salmos 23: 5-6*

Mayo 2020

Lu 11

Ma 12

Mi 13

Ju 14

2020 **Mayo**

	Vi 15
	Sa 16
	Do 17

"
Sobre toda cosa guardada guarda tu corazón; Porque de él mana la vida.

Proverbios 4:23
"

Mayo 2020

Lu 18

Ma 19

Mi 20

Ju 21

2020 Mayo

Vi 22

Sa 23

Do 24

> Mira que te mando que te esfuerces y seas valiente: no temas ni desmayes, porque Jehová tu Dios será contigo en donde quiera que fueres.
>
> *Josué 1:9*

Mayo 2020

Lu 25

Ma 26

Mi 27

Ju 28

2020 Mayo

Vi 29

Sa 30

Do 31

"Jehová te bendiga, y te guarde: Haga resplandecer Jehová su rostro sobre ti, y haya de ti misericordia: Jehová alce á ti su rostro, y ponga en ti paz.

Números 6:24-26"

Junio 2020

Lu 1

Ma 2

Mi 3

Ju 4

2020 — **Junio**

	Vi 5
	Sa 6
	Do 7

> Tú pues alumbrarás mi lámpara: Jehová mi Dios alumbrará mis tinieblas.
>
> *Salmos 18:28*

Junio 2020

Lu 8

Ma 9

Mi 10

Ju 11

2020 — **Junio**

Vi 12

Sa 13

Do 14

> Por lo cual estoy cierto que ni la muerte, ni la vida, ni ángeles, ni principados, ni potestades, ni lo presente, ni lo por venir, Ni lo alto, ni lo bajo, ni ninguna criatura nos podrá apartar del amor de Dios, que es en Cristo Jesús Señor nuestro.
>
> ***Romanos 8:38-39***

Junio 2020

Lu 15

Ma 16

Mi 17

Ju 18

2020 Junio

	Vi
	19
	Sa
	20
	Do
	21

> Y todo lo que hagáis, hacedlo de ánimo, como al Señor, y no á los hombres; Sabiendo que del Señor recibiréis la compensación de la herencia: porque al Señor Cristo servís.
>
> *Colosenses 3:23-24*

Junio 2020

Lu 22	
Ma 23	
Mi 24	
Ju 25	

2020 Junio

	Vi 26
	Sa 27
	Do 28

> Como un agua se parece á otra, Así el corazón del hombre al otro.
>
> *Proverbios 27:19*

Junio-Julio 2020

Lu 29

Ma 30

Mi 1

Ju 2

2020 — Julio

Vi 3

Sa 4

Do 5

> Y no os conforméis á este siglo; mas reformaos por la renovación de vuestro entendimiento, para que experimentéis cuál sea la buena voluntad de Dios, agradable y perfecta.
>
> *Romanos 12:2*

Julio 2020

Lu 6	
Ma 7	
Mi 8	
Ju 9	

2020 Julio

Vi 10

Sa 11

Do 12

"Y Jesús les dijo: Yo soy el pan de vida: el que á mí viene, nunca tendrá hambre; y el que en mí cree, no tendrá sed jamás.

Juan 6:35"

Julio 2020

Lu 13

Ma 14

Mi 15

Ju 16

2020　　　　Julio

Vi 17

Sa 18

Do 19

> Así que, no os congojéis por el día de mañana; que el día de mañana traerá su fatiga: basta al día su afán.
>
> *Mateo 6:34*

Julio 2020

Lu 20

Ma 21

Mi 22

Ju 23

2020 Julio

Vi 24

Sa 25

Do 26

> Haced todo sin murmuraciones y contiendas, Para que seáis irreprensibles y sencillos, hijos de Dios sin culpa en medio de la nación maligna y perversa, entre los cuales resplandecéis como luminares en el mundo; Reteniendo la palabra de vida para que yo pueda gloriarme en el día de Cristo, que no he corrido en vano, ni trabajado en vano.
>
> *Filipenses 2:14-16*

Agosto 2020

Lu 27

Ma 28

Mi 29

Ju 30

2020   Julio–Agosto

Vi 31

Sa 1

Do 2

> Que si vivimos, para el Señor vivimos; y si morimos, para el Señor morimos. Así que, ó que vivamos, ó que muramos, del Señor somos.
>
> ***Romanos 14:8***

Agosto 2020

Lu 3	
Ma 4	
Mi 5	
Ju 6	

2020 Agosto

Vi 7

Sa 8

Do 9

> Y hablóles Jesús otra vez, diciendo: Yo soy la luz del mundo: el que me sigue, no andará en tinieblas, mas tendrá la lumbre de la vida.
>
> *Juan 8:12*

Agosto 2020

Lu 10

Ma 11

Mi 12

Ju 13

2020 Agosto

Vi 14

Sa 15

Do 16

"Todas las cosas me son lícitas, mas no todas convienen: todas las cosas me son lícitas, mas yo no me meteré debajo de potestad de nada.

1 Corintios 6:12

Agosto 2020

Lu 17

Ma 18

Mi 19

Ju 20

2020 Agosto

Vi 21

Sa 22

Do 23

"En el día del bien goza del bien; y en el día del mal considera. Dios también hizo esto delante de lo otro, porque el hombre no halle nada tras de él.

Eclesiastés 7:14

Agosto 2020

Lu 24	
Ma 25	
Mi 26	
Ju 27	

2020   **Agosto**

	Vi 28
	Sa 29
	Do 30

> Porque la intención de la carne es muerte; mas la intención del espíritu, vida y paz:
>
> ***Romanos 8:6***

Agosto-Septiembre 2020

Lu 31

Ma 1

Mi 2

Ju 3

2020 Septiembre

	Vi
	4

	Sa
	5

	Do
	6

> La caridad es sufrida, es benigna; la caridad no tiene envidia, la caridad no hace sinrazón, no se ensancha; No es injuriosa, no busca lo suyo, no se irrita, no piensa el mal;
>
> *1 Corintios 13:4-5*

Septiembre 2020

Lu 7

Ma 8

Mi 9

Ju 10

2020   **Septiembre**

Vi 11

Sa 12

Do 13

> Todas vuestras cosas sean hechas con caridad.
>
> *1 Corintios 16:14*

Septiembre 2020

Lu 14

Ma 15

Mi 16

Ju 17

2020 Septiembre

	Vi 18
	Sa 19
	Do 20

> Hazme oir por la mañana tu misericordia, Porque en ti he confiado: Hazme saber el camino por donde ande, Porque á ti he alzado mi alma
>
> ***Salmos 143:8***

Septiembre 2020

Lu 21

Ma 22

Mi 23

Ju 24

2020   **Septiembre**

	Vi 25
	Sa 26
	Do 27

> "Y nosotros hemos conocido y creído el amor que Dios tiene para con nosotros. Dios es amor; y el que vive en amor, vive en Dios, y Dios en él."
>
> ***1 Juan 4:16***

Septiembre-Octubre 2020

Lu 28

Ma 29

Mi 30

Ju 1

2020   **Octubre**

	Vi 2
	Sa 3
	Do 4

> Y ahora permanecen la fe, la esperanza, y la caridad, estas tres: empero la mayor de ellas es la caridad.
>
> *1 Corintios 13:13*

Octubre 2020

Lu 5

Ma 6

Mi 7

Ju 8

2020　　　　　　　　　　　　　　　　　　　　　　　　Octubre

	Vi 9
	Sa 10
	Do 11

> Ninguno vió jamás á Dios. Si nos amamos unos á otros, Dios está en nosotros, y su amor es perfecto en nosotros:
>
> *1 Juan 4:12*

Octubre 2020

Lu 12

Ma 13

Mi 14

Ju 15

2020 Octubre

| Vi 16 |
| Sa 17 |
| Do 18 |

> El que no ama, no conoce á Dios; porque Dios es amor.
>
> *1 Juan 4:8*

Octubre 2020

Lu 19

Ma 20

Mi 21

Ju 22

2020 — Octubre

Vi 23

Sa 24

Do 25

> JEHOVA es mi luz y mi salvación: ¿de quién temeré? Jehová es la fortaleza de mi vida: ¿de quién he de atemorizarme?
>
> *Salmos 27:1*

Octubre 2020

Lu 26

Ma 27

Mi 28

Ju 29

2020 Octubre–Noviembre

Vi 30

Sa 31

Do 1

> Mejor es esperar en Jehová Que esperar en hombre.
> *Salmos 118:8*

Noviembre 2020

Lu 2

Ma 3

Mi 4

Ju 5

2020 — Noviembre

Vi 6

Sa 7

Do 8

> La paz os dejo, mi paz os doy: no como el mundo la da, yo os la doy. No se turbe vuestro corazón, ni tenga miedo.
>
> *Juan 14:27*

Noviembre 2020

Lu 9

Ma 10

Mi 11

Ju 12

2020 — **Noviembre**

Vi 13

Sa 14

Do 15

> Porque la intención de la carne es muerte; mas la intención del espíritu, vida y paz:
>
> ***Romanos 8:6***

Noviembre 2020

Lu 16

Ma 17

Mi 18

Ju 19

2020 Noviembre

Vi 20

Sa 21

Do 22

> Estad quietos, y conoced que yo soy Dios: Ensalzado he de ser entre las gentes, ensalzado seré en la tierra.
>
> *Salmos 46:10*

Noviembre 2020

Lu 23

Ma 24

Mi 25

Ju 26

2020 Noviembre

Vi 27

Sa 28

Do 29

> Por lo cual, consolaos los unos á los otros, y edificaos los unos á los otros, así como lo hacéis.
>
> *1 Tesalonicenses 5:11*

Noviembre-Diciembre 2020

Lu 30

Ma 1

Mi 2

Ju 3

2020 Diciembre

Vi 4

Sa 5

Do 6

> Mira que te mando que te esfuerces y seas valiente: no temas ni desmayes, porque Jehová tu Dios será contigo en donde quiera que fueres.
>
> *Josué 1:9*

Diciembre 2020

Lu 7

Ma 8

Mi 9

Ju 10

2020 Diciembre

Vi 11

Sa 12

Do 13

> Venid á mí todos los que estáis trabajados y cargados, que yo os haré descansar.
>
> *Mateo 11:28*

Diciembre 2020

Lu 14

Ma 15

Mi 16

Ju 17

2020 Diciembre

Vi 18

Sa 19

Do 20

> Bendito sea el Dios y Padre del Señor Jesucristo, el Padre de misericordias, y el Dios de toda consolación, El cual nos consuela en todas nuestras tribulaciones, para que podamos también nosotros consolar á los que están en cualquiera angustia, con la consolación con que nosotros somos consolados de Dios.
>
> *2 Corintios 1:3-4*

Diciembre 2020

Lu 21

Ma 22

Mi 23

Ju 24

2020 Diciembre

Vi 25

Sa 26

Do 27

> Aunque ande en valle de sombra de muerte, No temeré mal alguno; porque tú estarás conmigo: Tu vara y tu cayado me infundirán aliento.
>
> *Salmos 23:4*

Diciembre 2020

Lu 28

Ma 29

Mi 30

Ju 31

2021 — Enero

	Vi 1
	Sa 2
	Do 3

> En Dios está mi salvación y mi gloria: En Dios está la roca de mi fortaleza, y mi refugio.
>
> *Salmos 62:7*

2019 DE UN VISTAZO

ENERO
D	L	M	M	J	V	S
30	31	1	2	3	4	5
6	7	8	9	10	11	12
13	14	15	16	17	18	19
20	21	22	23	24	25	26
27	28	29	30	31	1	2
3	4	5	6	7	8	9

FEBRERO
D	L	M	M	J	V	S
27	28	29	30	31	1	2
3	4	5	6	7	8	9
10	11	12	13	14	15	16
17	18	19	20	21	22	23
24	25	26	27	28	1	2
3	4	5	6	7	8	9

MARZO
D	L	M	M	J	V	S
24	25	26	27	28	1	2
3	4	5	6	7	8	9
10	11	12	13	14	15	16
17	18	19	20	21	22	23
24	25	26	27	28	29	30
31	1	2	3	4	5	6

ABRIL
D	L	M	M	J	V	S
31	1	2	3	4	5	6
7	8	9	10	11	12	13
14	15	16	17	18	19	20
21	22	23	24	25	26	27
28	29	30	1	2	3	4
5	6	7	8	9	10	11

MAYO
D	L	M	M	J	V	S
28	29	30	1	2	3	4
5	6	7	8	9	10	11
12	13	14	15	16	17	18
19	20	21	22	23	24	25
26	27	28	29	30	31	1
2	3	4	5	6	7	8

JUNIO
D	L	M	M	J	V	S
26	27	28	29	30	31	1
2	3	4	5	6	7	8
9	10	11	12	13	14	15
16	17	18	19	20	21	22
23	24	25	26	27	28	29
30	1	2	3	4	5	6

NOTAS:

2019 DE UN VISTAZO

JULIO

D	L	M	M	J	V	S
30	1	2	3	4	5	6
7	8	9	10	11	12	13
14	15	16	17	18	19	20
21	22	23	24	25	26	27
28	29	30	31	1	2	3
4	5	6	7	8	9	

AGOSTO

D	L	M	M	J	V	S
28	29	30	31	1	2	3
4	5	6	7	8	9	10
11	12	13	14	15	16	17
18	19	20	21	22	23	24
25	26	27	28	29	30	31
1	2	3	4	5	6	7

SEPTIEMBRE

D	L	M	M	J	V	S
1	2	3	4	5	6	7
8	9	10	11	12	13	14
15	16	17	18	19	20	21
22	23	24	25	26	27	28
29	30	1	2	3	4	5
6	7	8	9	10	11	12

OCTUBRE

D	L	M	M	J	V	S
29	30	1	2	3	4	5
6	7	8	9	10	11	12
13	14	15	16	17	18	19
20	21	22	23	24	25	26
27	28	29	30	31	1	2
3	4	5	6	7	8	9

NOVIEMBRE

D	L	M	M	J	V	S
27	28	29	30	31	1	2
3	4	5	6	7	8	9
10	11	12	13	14	15	16
17	18	19	20	21	22	23
24	25	26	27	28	29	30
1	2	3	4	5	6	7

DICIEMBRE

D	L	M	M	J	V	S
24	25	26	27	28	29	30
1	2	3	4	5	6	7
8	9	10	11	12	13	14
15	16	17	18	19	20	21
22	23	24	25	26	27	28
29	30	31	1	2	3	4

NOTAS:

2020 DE UN VISTAZO

ENERO
D	L	M	M	J	V	S
29	30	31	1	2	3	4
5	6	7	8	9	10	11
12	13	14	15	16	17	18
19	20	21	22	23	24	25
26	27	28	29	30	31	1
2	3	4	5	6	7	8

FEBRERO
D	L	M	M	J	V	S
26	27	28	29	30	31	1
2	3	4	5	6	7	8
9	10	11	12	13	14	15
16	17	18	19	20	21	22
23	24	25	26	27	28	29
1	2	3	4	5	6	7

MARZO
D	L	M	M	J	V	S
1	2	3	4	5	6	7
8	9	10	11	12	13	14
15	16	17	18	19	20	21
22	23	24	25	26	27	28
29	30	31	1	2	3	4
5	6	7	8	9	10	11

ABRIL
D	L	M	M	J	V	S
29	30	31	1	2	3	4
5	6	7	8	9	10	11
12	13	14	15	16	17	18
19	20	21	22	23	24	25
26	27	28	29	30	1	2
3	4	5	6	7	8	9

MAYO
D	L	M	M	J	V	S
26	27	28	29	30	1	2
3	4	5	6	7	8	9
10	11	12	13	14	15	16
17	18	19	20	21	22	23
24	25	26	27	28	29	30
31	1	2	3	4	5	6

JUNIO
D	L	M	M	J	V	S
31	1	2	3	4	5	6
7	8	9	10	11	12	13
14	15	16	17	18	19	20
21	22	23	24	25	26	27
28	29	30	1	2	3	4
5	6	7	8	9	10	11

NOTAS:

2020 DE UN VISTAZO

JULIO

D	L	M	M	J	V	S
28	29	30	1	2	3	4
5	6	7	8	9	10	11
12	13	14	15	16	17	18
19	20	21	22	23	24	25
26	27	28	29	30	31	1
2	3	4	5	6	7	8

AGOSTO

D	L	M	M	J	V	S
26	27	28	29	30	31	1
2	3	4	5	6	7	8
9	10	11	12	13	14	15
16	17	18	19	20	21	22
23	24	25	26	27	28	29
30	31	1	2	3	4	5

SEPTIEMBRE

D	L	M	M	J	V	S
30	31	1	2	3	4	5
6	7	8	9	10	11	12
13	14	15	16	17	18	19
20	21	22	23	24	25	26
27	28	29	30	1	2	3
4	5	6	7	8	9	10

OCTUBRE

D	L	M	M	J	V	S
27	28	29	30	1	2	3
4	5	6	7	8	9	10
11	12	13	14	15	16	17
18	19	20	21	22	23	24
25	26	27	28	29	30	31
1	2	3	4	5	6	7

NOVIEMBRE

D	L	M	M	J	V	S
1	2	3	4	5	6	7
8	9	10	11	12	13	14
15	16	17	18	19	20	21
22	23	24	25	26	27	28
29	30	1	2	3	4	5
6	7	8	9	10	11	12

DICIEMBRE

D	L	M	M	J	V	S
29	30	1	2	3	4	5
6	7	8	9	10	11	12
13	14	15	16	17	18	19
20	21	22	23	24	25	26
27	28	29	30	31	1	2
3	4	5	6	7	8	9

NOTAS:

2021 DE UN VISTAZO

ENERO

D	L	M	M	J	V	S
27	28	29	30	31	1	2
3	4	5	6	7	8	9
10	11	12	13	14	15	16
17	18	19	20	21	22	23
24	25	26	27	28	29	30
31	1	2	3	4	5	6

FEBRERO

D	L	M	M	J	V	S
7	1	2	3	4	5	6
7	8	9	10	11	12	13
14	15	16	17	18	19	20
21	22	23	24	25	26	27
28	1	2	3	4	5	6
7	8	9	10	11	12	13

MARZO

D	L	M	M	J	V	S
	1	2	3	4	5	6
7	8	9	10	11	12	13
14	15	16	17	18	19	20
21	22	23	24	25	26	27
28	29	30	31	1	2	3
4	5	6	7	8	9	10

ABRIL

D	L	M	M	J	V	S
28	29	30	31	1	2	3
4	5	6	7	8	9	10
11	12	13	14	15	16	17
18	19	20	21	22	23	24
25	26	27	28	29	30	1
2	3	4	5	6	7	8

MAYO

D	L	M	M	J	V	S
25	26	27	28	29	30	1
2	3	4	5	6	7	8
9	10	11	12	13	14	15
16	17	18	19	20	21	22
23	24	25	26	27	28	29
30	31	1	2	3	4	5

JUNIO

D	L	M	M	J	V	S
30	31	1	2	3	4	5
6	7	8	9	10	11	12
13	14	15	16	17	18	19
20	21	22	23	24	25	26
27	28	29	30	1	2	3
4	5	6	7	8	9	10

NOTAS:

2021 DE UN VISTAZO

JULIO
D	L	M	M	J	V	S
27	28	29	30	1	2	3
4	5	6	7	8	9	10
11	12	13	14	15	16	17
18	19	20	21	22	23	24
25	26	27	28	29	30	31
1	2	3	4	5	6	7

AGOSTO
D	L	M	M	J	V	S
1	2	3	4	5	6	7
8	9	10	11	12	13	14
15	16	17	18	19	20	21
22	23	24	25	26	27	28
29	30	31	1	2	3	4
5	6	7	8	9	10	11

SEPTIEMBRE
D	L	M	M	J	V	S
29	30	31	1	2	3	4
5	6	7	8	9	10	11
12	13	14	15	16	17	18
19	20	21	22	23	24	25
26	27	28	29	30	1	2
3	4	5	6	7	8	9

OCTUBRE
D	L	M	M	J	V	S
26	27	28	29	30	1	2
3	4	5	6	7	8	9
10	11	12	13	14	15	16
17	18	19	20	21	22	23
24	25	26	27	28	29	30
31	1	2	3	4	5	6

NOVIEMBRE
D	L	M	M	J	V	S
31	1	2	3	4	5	6
7	8	9	10	11	12	13
14	15	16	17	18	19	20
21	22	23	24	25	26	27
28	29	30	1	2	3	4
5	6	7	8	9	10	11

DICIEMBRE
D	L	M	M	J	V	S
28	29	30	1	2	3	4
5	6	7	8	9	10	11
12	13	14	15	16	17	18
19	20	21	22	23	24	25
26	27	28	29	30	31	1
2	3	4	5	6	7	8

NOTAS:

Made in the USA
Columbia, SC
04 December 2019